COLLECTION RIVET

BELLES

FAÏENCES ITALIENNES

OBJETS VARIÉS

TAPISSERIES DES GOBELINS

TAPIS DE PERSE

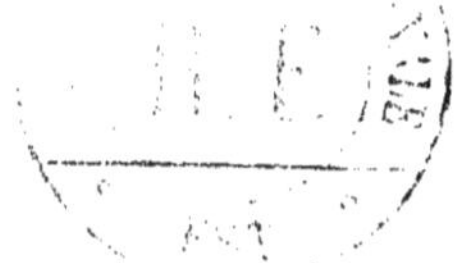

EXPOSITIONS

Particulière, *le Jeudi 25 Mars 1869;*
Publique, *le Vendredi 26 Mars 1869.*

Mᵉ CHARLES PILLET	M. CHARLES MANNHEIM
COMMISSAIRE-PRISEUR	EXPERT

CATALOGUE

DE BELLES

FAÏENCES ITALIENNES

DES FABRIQUES DE

GUBBIO, URBINO, FAENZA, CAFFAGIOLLO,

HISPANO ARABE, PESARO, DERUTA, CASTEL DURANTE, CASTELLI,

BELLE BOUTEILLE EN FAIENCE DE PERSE,

BEAU VASE EN PORPHYRE ROUGE ORIENTAL,

BRULE-PARFUMS VÉNITIEN,

LUSTRE ET GIRANDOLES GARNIS DE CRISTAUX DE ROCHE,

BELLES TAPISSERIES DES GOBELINS,

TAPIS DE PERSE TRÈS-ANCIENS, — OBJETS VARIÉS

Composant la Collection de M. RIVET

ET DONT LA VENTE AURA LIEU

HOTEL DROUOT, SALLE N° 3

Le Samedi 27 Mars 1869

A DEUX HEURES

Par le ministère de Mᵉ **CHARLES PILLET**, Commissaire-Priseur,
10, rue Grange-Batelière,

Assisté de M. **Ch. MANNHEIM**, Expert, rue Saint-Georges, 7;

Chez lesquels se trouve le Catalogue

EXPOSITIONS { *PARTICULIÈRE :* le Jeudi 25 Mars 1869,
{ *PUBLIQUE :* le Vendredi 26 Mars 1869,

DE UNE HEURE A CINQ HEURES

Paris. — Imp. de Pillet fils aîné, rue des Grands-Augustins, 5

DÉSIGNATION DES OBJETS

FAIENCES ITALIENNES

FABRIQUE DE GUBBIO

1 — Joli plat rond à décor à reflets métalliques. Il offre au centre un buste de femme et un listel portant le nom : JUSTINA. Le bord est orné de chimères, d'arabesques et d'un mascaron sur fond bleu.

Ce plat porte au revers la date de 1537, ainsi que la signature fort rare de MAESTRO CIENZO, fils de Maestro Giorgio.

Diam., 25 cent.

2 — Petite coupe ronde à décor à reflets métalliques très-vifs, orné de palmettes en relief et portant au centre l'aigle de l'Empire.

Diam., 22 cent.

3 — Autre coupe analogue à celle qui précède. Celle-ci présente au centre l'agneau pascal.

Diam., 22 cen·

FABRIQUE D'URBINO

4 — Beau plat à décor à reflets métalliques bleu nacré et rouge rubis très-brillants par FRANCESCO XANTO, IN URBINO, 1533. Il représente une scène de mariage.

Diam., 26 cent.

5 — Grand et très-beau plat rond entièrement couvert par un riche décor représentant la prise et l'incendie d'une ville. Au premier plan, choc de cavalerie. Composition très-riche; émail brillant.

Diam., 44 cent.

6 — Très-beau plat rond représentant une scène de sacrifice; composition d'un grand nombre de figures.

Diam., 40 cent.

7 — Beau plat rond portant au revers la signature de FRANCESCO XANTO ainsi que la date de MDXXXI. Il représente une scène tirée de la vie d'Esaü.

Diam., 36 cent.

465.

8 — Coupe ronde représentant un sujet de bataille; un des drapeaux porte des armoiries. Le décor de cette coupe est attribué à ORAZIO FONTANA.

Diam., 28 cent.

600.

9 — Autre belle coupe ronde représentant un sujet tiré de l'Ancien Testament, composition d'un grand nombre de figures et d'une exécution très-remarquable.

Diam., 26 cent.

460.

10 — Petit plat rond représentant l'entrevue de Vénus et de Junon; beau décor attribué à FRANCESCO XANTO; il porte la date de 1541.

Diam., 29 cent.

320.

11 — Belle coupe ronde représentant un choc de cavalerie; composition pleine d'énergie et de mouvement.

Diam., 29 cent.

12 — Coupe ronde représentant Alexandre le Grand faisant mettre les œuvres d'Homère dans un des coffres de Darius; d'après la gravure de Marc-Antoine.

Diam., 29 cent.

13 — Gourde, forme flacon à côtes, décorée d'arabesques et portant les armes de la ville de Pérouse; attaches formées de mascarons.

FABRIQUE DE FAENZA

3 20.

14 — Très-joli plat rond présentant au centre un écusson armorié fleurdelisé et décoré au bord d'arabesques et de mascarons en camaïeu bleu sur fond bleu foncé.

Il porte au revers l'initiale F., marque des fabriques de FAENZA.

Diam., 28 cent.

2 6 0.

15 — Joli plat analogue à celui qui précède. Il offre au centre une figure de saint Marc vu à mi-corps et le bord est enrichi de deux écussons armoriés.

Diam., 27 cent.

2 3 5.

16 — Coupe ronde présentant au centre un saint martyre agenouillé; le bord est décoré de cornes d'abondance et de mascarons et porte la devise romaine quatre fois répétée.

Diam., 25 cent.

17 — Coupe ronde portant au centre les armoiries d'un cardinal, émaillées en couleurs et présentant au bord des rinceaux élégants décorés en camaïeu bleu sur fond bleu clair.

Diam., 27 cent.

3 20.

18 — Très-jolie petite coupe, dite amatoria ; le marli est décoré de mascarons et de chimères en grisaille sur fond bleu. Le centre présente une tête très-gracieuse de jeune fille en grisaille sur fond orangé.

Diam., 23 cent.

170.

18 *bis* — Plat rond décoré d'ornements très-fins, blanc sur
blanc, pièce rare.

Diam., 30 cent.

19 — Jolie coupe à godrons décorée d'arabesques variées sur
fond jaune, noir et vert ; au centre une figure de sainte
femme.

Diam., 30 cent.

20 — Coupe ronde godronnée et festonnée, décorée de
feuilles en couleurs sur fonds variés et présentant au
centre un buste de Ptolémée sur fond jaune.

Diam., 30 cent.

80.

21 — Petite coupe ronde à godrons en spirale, décorée de
rinceaux sur fond bleu et jaune. Au centre une figure
de petit saint Jean debout.

Diam., 22 cent.

126.

22 — Vase de forme sphérique décoré d'arabesques en grisaille sur fonds variés jaune et bleu. Il porte dans un
médaillon un buste d'Annibal.

Haut., 20 cent.

FABRIQUE DE CAFFAGIOLLO

350.

23 — Charmante petite coupe sur piédouche présentant
au centre une figure de souverain assis et décorée au
bord et à l'extérieur de trophées d'armes en camaïeu
bleu sur fond orangé.

Haut., 11 cent.; diam., 22 cent.

24 — Grand plat rond à ornements variés en couleurs sur fond jaune d'ocre. Il porte au marli les anciennes armes de Hongrie.

Haut., 47 cent.

25 — Petit plat rond décoré d'ornements émaillés en couleurs sur fonds variés.

Diam., 27 cent.

26 — Vase cylindrique à deux anses décoré d'ornements variés sur fond jaune.

Haut., 27 cent.

FABRIQUE HISPANO-ARABE

27 — Grand plat rond présentant un large écu armorié et portant des feuillages à reflets métalliques mordorés.

Diam., 46 cent.

28 — Grand plat rond et creux à ombilic saillant et bord godronné, entièrement couvert d'un riche décor à reflets métalliques rouge mordoré.

Diam., 49 cent.

29 — Autre beau plat rond à godrons en spirale, décoré d'ornements à reflets métalliques mordorés et bleus. Il porte une inscription.

Diam., 48 cent.

30 — Plat analogue à celui qui précède et à ombilic.

Diam., 47 cent.

31 — Petit plat rond et creux à décor à reflets métalliques mordorés et portant au centre de l'ombilic un écusson armorié.

Diam., 40 cent.

32 — Beau plat rond à ombilic à décor à reflets métalliques mordorés très-vifs et portant au bord de larges feuillages en relief.

Diam., 40 cent.

FABRIQUE SICULO-ARABE

33 — Plat rond décoré de palmes et d'entrelacs bleu sur fond blanc et ornements mordorés.

Diam., 38 cent.

34 — Deux grands vases de forme cylindrique décorés d'arabesques et de fleurs en camaïeu bleu sur fond blanc rappelant le style oriental.

Haut., 34 cent.

FABRIQUE DE PESARO

910.

35 — Beau plat rond à décor en camaïeu bleu et jaune à reflets métalliques mordorés. Il offre au centre un buste de guerrier casqué avec inscription sur banderolle et le bord est décoré d'imbrications.

Diam., 40 cent.

600.

36 — Jolit plat rond à décor en camaïeu bleu et à reflets métalliques mordorés. Il offre au centre une figure de Vénus debout sur un dauphin et le bord est décoré d'ornements.

Diam., 40 cent.

445.

37 — Plat rond même style, rehaussé de reflets rouge rubis; il offre au centre la figure d'Hercule terrassant l'Hydre de Lerne.

Diam., 38 cent.

700.

38 — Plat rond de même style, entièrement couvert d'ornements à reflets métalliques bleu nacré rehaussé de jaune et de bleu. Belle qualité.

Diam., 42 cent.

515.

39 — Plat rond de même style; bord à imbrications et palmettes et figure d'Orphée au centre.

Diam., 42 cent.

40 — Plat rond de même style représentant saint François en adoration. *Pareil à celui de Pérou.*

Diam., 40 cent.

41 — Plat rond analogue offrant au centre la figure de saint Jean debout.

Diam., 40 cent.

42 — Autre plat analogue représentant un buste de femme avec inscription sur une banderole.

Diam., 40 cent.

43 — Autre plat de même style représentant aussi un buste de femme. Il porte une inscription qui se traduit ainsi : *Qui dirige bien sa barque arrive au port.*

Diam., 40 cent.

44 — Autre plat analogue présentant au centre une belle tête de guerrier casqué.

Diam., 39 cent.

45 — Autre plat analogue représentant deux cavaliers se donnant l'accolade en présence d'un troisième portant une oriflamme.

Diam., 40 cent.

46 — Plat de même style représentant le Christ en croix.

Diam., 40 cent.

47 — Autre plat analogue représentant un saint tenant un livre enflammé.

Diam., 40 cent.

100. 48 — Autre plat de même style; jeune fille tenant un cœur percé de flèches.

Diam., 39 cent.

205. 49 — Autre plat analogue représentant un groupe de deux personnages.

Diam., 39 cent.

50 — Plat rond à décor polychrôme offrant au centre un buste de Lucrèce.

Diam., 38 cent.

51 — Plat analogue à celui qui précède, offrant au centre un buste de femme avec une inscription. Dans un cadre en bois sculpté doré en partie.

Diam., 40 cent.

52 — Plat analogue à celui qui précède et pouvant lui servir de pendant. Dans un cadre en bois sculpté rehaussé d'or.

Diam., 40 cent.

FABRIQUE DE DERUTA

225 53 — Plat rond à décor à reflets métalliques très-vifs, rehaussés de bleu. Le centre de l'ombilic est décoré d'un buste de jeune fille.

Diam., 34 cent.

54 — Plat analogue à celui qui précède, décoré d'ornements bleu et or à reflets métalliques sur fond blanc.

Diam., 38 cent.

55 — Vase modèle balustre à deux anses et piédouche richement décoré d'ornements et d'inscriptions à reflets métalliques mordorés sur fond bleu et blanc.

Haut., 32 cent.

56 — Vase analogue à celui qui précède, mais plus petit, décoré d'imbrications mordorées, rehaussées de bleu.

Haut., 22 cent.

57 — Jolie petite brocca sur piédouche, à anse et goulot, décorée d'ornements à reflets métalliques mordorés sur fond bleu.

Haut., 20 cent.

FABRIQUE DE CASTEL DURANTE

58 — Très-beau vase de forme élégante, entièrement couvert d'un riche décor d'ornements, de cariatides et de mascarons sur fonds variés, avec armoiries et portant des inscriptions italiennes qui se traduisent ainsi : *Ce jourd'hui 5 juin 1562, à Castel Durante par Maître Simon*, 1562. Ce vase fort rare a été reproduit dans la monographie des faïences italiennes de M. Henri Delange.

Haut., 34 cent.

59 — Vase analogue à celui qui précède et pouvant lui servir de pendant.

Haut., 34 cent.

FABRIQUE DE CASTELLI

145.

60 — Plat rond, décor polyhrôme; il offre au centre le sujet du triomphe de David et porte au bord des figures de génies, des corbeilles de fleurs et une armoirie.

Diam., 75 cent.

61-64 — Quatre petites assiettes à décors variés. Elles seront vendues séparément.

FAIENCE DE PERSE

65 — Belle bouteille décorée d'animaux et de figures fantastiques émaillés en couleur sur fond vert émeraude. Pièce très-rare.

Haut., 36 cent.

PORCELAINES

66 — Grande et belle plaque carrée, en ancienne porcelaine tendre de Capo di Monte, représentant le sujet
de la chute des Titans exécuté en haut relief.

Haut., 40 cent.; larg., 60 cent.

67 — Coupe ronde en ancienne porcelaine du Japon, décorée de fleurs et d'arbustes en bleu rouge et or,
rehaussé d'émail vert.

Diam., 35 cent.

68 — Petite buire de forme élégante en ancienne porcelaine de Chine, fond bleu et décor d'or.

MATIÈRES PRÉCIEUSES

69 — Porphyre rouge oriental. — Beau vase à couvercle, de forme surbaissée, à godrons sculptés en relief
et à gorge évidée. Il repose sur un piédouche à moulures et sur un socle de même matière avec plinthe
et moulure en marbre noir.

Haut. totale, 60 cent.

70 — Cristal de roche. — Deux grandes girandoles à six lumières en cuivre doré richement garnies de cristaux de roche. Travail de Gênes.

Haut., 1 mèt.

71 — Cristal de roche. — Petit lustre en fer doré à six lumières, garni de cristaux de roche. Même travail.

Haut., 95 cent.

MEUBLES & OBJETS VARIÉS

72 — Vitrine en forme de bonheur du jour, en bois noir et moulures en cuivre poli, garnie de glaces teintées. Style Louis XVI.

Larg., 80 cent. ; haut., 1 mèt. 68 cent.

73 — Grande pendule Louis XV avec socle modèle cul de lampe en marqueterie de cuivre sur écaille noire richement garnie de bronzes.

Haut., 1 mèt. 30 cent.

74-75 — Quatre appliques en bois sculpté et doré repercé à jour et à fond de glace. Travail italien.

Haut., 76 cent.

76 — Deux très-jolis cadres en bois sculpté et doré, à rinveaux. Travail italien.

Haut., 80 cent.

77 — Cadre de miroir de forme monumentale en bois sculpté à colonnes détachées. xvi⁰ siècle.

78 — Coffret vénitien en marqueterie de bois et ivoire enrichi au pourtour de groupes de figures en os sculpté. xiv⁰ siècle.

Larg. 25 cent.

79 — Grand plat rond en cuivre, entièrement couvert d'entrelacs finement gravés. Travail vénitien du xvi⁰ siècle.

Diam., 44 cent.

80 — Plat analogue à celui qui précède et de même travail.

Diam., 40 cent.

81 — Belle fontaine en forme de vase à panse ovoïde en cuivre repoussé à arabesques et oiseaux, et portant les armoiries de la famille Visconti. xvi⁰ siècle.

Haut., 60 cent.

82 — Deux jolis chenets du temps de Louis XV en bronze modèle rocaille surmontés de vases.

Haut., 35 cent.

83 — Beau brûle-parfums vénitien de forme cylindrique à couvercle dômé, en cuivre doré finement ciselé à ornements et repercé à jour. xvi° siècle.

Haut., 26 cent.

84 — Plat rond en cuivre jaune repoussé à ornements et inscriptions. xv° siècle.

Diam., 40 cent.

85 — Plat analogue à celui qui précède, mais plus petit.

Diam., 34 cent.

85 *bis* — Joli coffret en noyer garni de bronze, contenant divers tiroirs à secret.

Grand diam., 40 cent.

TAPISSERIES & TENTURES

86 — Grande et belle tapisserie des Gobelins, représentant une scène tirée de l'histoire de Don Quichotte.

Haut. 8 mèt. 60 cent. Larg. 5 mèt. 80 cent.

87 — Belle tapisserie des Gobelins, représentant Louis **XIV** au milieu de sa cour; riche bordure, et dans le fond vue d'un château royal.

Haut. 8 mèt. 10 cent. Larg. 2 mèt. 75 cent.

88 — Beau tapis de Perse ancien à fond grenat d'un riche dessin et de belles couleurs.

Long., 4 mèt.; larg., 1 mèt. 80 cent.

89 — Autre beau tapis de Perse ancien, analogue à celui qui précède.

Long. 4 mèt. 55 cent. Larg. 2 mèt. 50 cent.

90 — Deux grands panneaux de fleurs, par *Mario di Fiori*.

Haut., 1 mèt. 80 cent.; larg., 1 mèt. 15 cent.

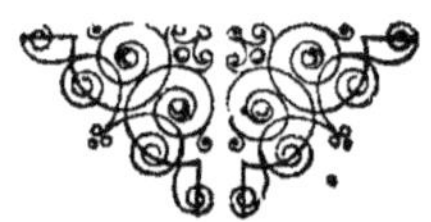